DE LA LOI

SUR LE

TRAVAIL DES ENFANTS

ET DES FILLES MINEURES EMPLOYÉS DANS L'INDUSTRIE

Par M. DELAISSEMENT, Inspecteur divisionnaire

COMPTE RENDU

D'UNE RÉUNION DE PATRONS ET INDUSTRIELS DE LA VILLE DE TOULOUSE QUI A EU LIEU LE 6 FÉVRIER 1876, AU GRAND AMPHITHÉATRE DE LA FACULTÉ DES LETTRES

Sous la Présidence de M. le Baron de CARDON de SANDRANS

Préfet de la Haute-Garonne

Publié par la Chambre Syndicale des Entrepreneurs de Bâtiments de la ville de Toulouse

SOMMAIRE

(Pour les formalités à remplir, voir pages 24 et 27.)

TOULOUSE

IMPRIMERIE LOUIS & JEAN-MATTHIEU DOULADOURE

Rue Saint-Rome, 39

1876

DE LA LOI

SUR LE

TRAVAIL DES ENFANTS

ET DES FILLES MINEURES EMPLOYÉS DANS L'INDUSTRIE

Par M. DELAISSEMENT, Inspecteur divisionnaire

COMPTE RENDU

D'UNE RÉUNION DE PATRONS ET INDUSTRIELS DE LA VILLE DE TOULOUSE QUI A EU LIEU LE 6 FÉVRIER 1876, AU GRAND AMPHITHÉÂTRE DE LA FACULTÉ DES LETTRES

Sous la Présidence de M. le Baron de CARDON de SANDRANS

Préfet de la Haute-Garonne

Publié par la Chambre Syndicale des Entrepreneurs de Bâtiments de la ville de Toulouse

SOMMAIRE

(Pour les formalités à remplir, voir pages 24 et 27.)

TOULOUSE

Imprimerie Louis & Jean-Matthieu DOULADOURE
Rue Saint-Rome, 39

1876

La lettre suivante a été adressée, par les soins de la Chambre Syndicale, à 700 Patrons faisant partie des Corporations du bâtiment.

MONSIEUR,

Vous êtes prié d'assister à la réunion qui aura lieu au Grand Amphithéâtre de la Faculté des Lettres de Toulouse, 17, rue Matabiau, le Dimanche 6 Février prochain, à 3 heures, sous la Présidence de M. le Préfet.

Dans cette réunion, M. Delaissement, Inspecteur divisionnaire du Travail des Enfants dans l'industrie, traitera de l'*application de la loi nouvelle et de la situation des apprentis dans les diverses corporations du bâtiment.*

M. Delaissement sera assisté de MM. Fourcade, Président de la Commission de surveillance du Travail des Enfants de l'arrondissement de Toulouse, Chousserie, Secrétaire; Debax, Langlade, docteur Noguès, Ozenne et de Perrotil, Membres de la Commission.

Votre présence, nous l'espérons, ne fera pas défaut à cette réunion dont le sujet doit vous intéresser au plus haut degré.

Veuillez, agréer, Monsieur, l'assurance de notre parfaite considération.

<table>
<tr><td>Le Secrétaire,
DAROLLES.</td><td>Le Président,
H. GOUDARD.</td></tr>
</table>

Un avis inséré dans les journaux a également invité les autres industriels de Toulouse occupant des enfants à assister à la réunion.

Un grand nombre de Patrons et Industriels avaient répondu à l'appel qui leur avait été adressé et remplissaient complétement le grand amphithéâtre de la Faculté de Lettres.

A 3 heures 1/4, M. le Préfet a ouvert la séance. Il était assisté de M. l'Inspecteur divisionnaire, de MM. Ozenne, Président du tribunal de Commerce; Langlade, Président de la Chambre de Commerce; docteur Noguès, Médecin en chef de l'Hôtel-Dieu, et Chousserie, Inspecteur des Écoles, tous Membres de la Commission de surveillance du Travail des Enfants, et de MM. les Membres du bureau de la Chambre Syndicale.

M. le vicomte Toussaint, Maire de Toulouse, M. de Planet, Ingénieur mécanicien, Membre de la Chambre de Commerce, et M. Pigny, Président du Conseil de Prud'hommes, avaient bien voulu honorer la réunion de leur présence et avaient également pris place au Bureau.

M. le Président a donné la parole à M. l'Inspecteur divisionnaire qui a fait l'exposé suivant :

Messieurs,

Avant de commencer les explications que je dois vous donner, je tiens à vous remercier de l'empressement que vous avez mis à assister à cette réunion ; je n'en suis pas surpris, car j'ai déjà appris à connaître les bonnes dispositions de beaucoup d'honorables Industriels et Patrons de Toulouse.

Je ne songeais d'abord qu'à réunir une seule corporation du bâtiment (1) ; mais sur le désir de M. le Président de la Chambre syndicale, qui m'a prêté le concours le plus dévoué et que je me fais un devoir de reconnaître, j'ai provoqué cette réunion générale dont vous connaissez l'objet.

Je vais donc avoir l'honneur, Messieurs, de vous entre-

(1) Les entrepreneurs de maçonnerie.

tenir d'une question sérieuse et qui a pour vous un grand intérêt, c'est-à-dire de la loi du 19 mai 1874, *sur le* **travail des enfants et des filles mineures dans l'industrie.** C'est une loi nouvelle qui n'est pas encore bien connue et au sujet de laquelle des explications m'ont paru nécessaires. Elles est applicable dans tous les établissements industriels, quelle que soit, d'ailleurs, leur importance : la grande usine comme le plus petit atelier ou chantier, doivent s'y conformer dans les conditions qu'elle détermine.

C'est une question digne de toute votre sollicitude. Il ne s'agit pas seulement d'améliorer telle ou telle partie de votre outillage, de perfectionner certains procédés de travail, de réaliser un progrès purement matériel et économique.....; la loi a un but beaucoup plus élevé et plus complet : elle tend à améliorer la jeune génération ouvrière sous tous les rapports, c'est-à-dire au point de vue physique, intellectuel, moral et professionnel. Elle se propose, par conséquent, de donner à l'industrie des ouvriers plus robustes et plus instruits ; à la société, des membres capables de rendre plus de services et de contribuer plus efficacement au bien-être matériel et moral des individus et de la famille, à la force du pays, en un mot à la prospérité générale. D'autres nations ont devancé la France dans cette voie ; elles ont compris que l'enfance ouvrière constitue une partie essentielle de l'avenir du pays : je n'ai pas besoin de vous dire combien il nous importe de ne pas rester en arrière.

Dans son ensemble, cette question est donc très-importante et embrasse de graves et nombreux intérêts : elle n'est pas seulement une question humanitaire, industrielle, écomique ; elle est encore sociale et patriotique. Elle a droit à toute votre sympathie ; et si elle exige momentanément de vous quelques légers sacrifices, vous saurez, j'en suis convaincu, remplir ce devoir avec un dévouement qui en augmentera à la fois le mérite et les heureux résultats.

Mais avant de vous faire connaître les devoirs que la loi peut vous imposer, Messieurs, comme Patrons et Industriels, laissez-moi vous dire quelques mots d'une Société composée d'hommes honorables et dévoués qui poursuivent, par la propagande et les encouragements, le but élevé que l'inspection cherche à atteindre avec l'appui de la loi ; je veux parler de la **Société de protection des apprentis et des enfants employés dans les manufactures.**

D'après l'article 1er des Statuts, elle a pour but d'améliorer la condition de ces enfants par *tous les moyens* qui, respectant la liberté de l'industriel et l'autorité du père de famille, agiront en conformité de la pensée des lois sur l'apprentissage et sur le travail des Enfants dans les manufactures.

Reconnue d'utilité publique, elle a pour Président d'honneur M. le Ministre de l'Agriculture et du Commerce, et pour Président l'illustre et savant Secrétaire perpétuel de l'Académie des Sciences, l'honorable M. Dumas, Membre de l'Académie française. Elle compte parmi ses principaux fondateurs un homme qu'animaient le désir du bien et un ardent amour pour l'enfance ouvrière, feu M. Barreswil, Inspecteur du Travail des Enfants dans les manufactures. Cette Société a rencontré immédiatement beaucoup de sympathies et elle continue à progresser ; car, en France, les hommes généreux et bienfaisants, les cœurs nobles et dévoués sont nombreux. — Aussi a-t-elle déjà rendu de grands services, et fait-elle un bien considérable.

Une de ses attributions est de récompenser les personnes

qui ont donné des preuves de sollicitude en faveur de l'enfance ouvrière et les apprentis méritants. Cette année, la distribution solennelle des prix aura lieu très-prochainement. Permettez-moi d'appeler votre attention sur les parties du programme qui peuvent vous intéresser, en vous priant de vouloir bien me signaler les personnes de votre connaissance qui vous paraîtraient dignes de récompense.

Les différents lauréats sont groupés dans l'ordre suivant :

1re *Série*. — Institutions charitables fondées dans le but d'instruire, de moraliser, d'aider les apprentis (garçons ou filles). — Patronnages, orphelinats, écoles professionnelles, pensions d'apprentis, etc.

2e *Série*. — Industriels qui se signalent par leur sollicitude pour le bien-être matériel et moral de leurs apprentis et jeunes ouvriers. Cette section se divise en plusieurs catégories :

Le première comprend les industriels ayant organisé leurs établissements et *créé des institutions* en vue de faciliter l'apprentissage, d'assurer la santé et l'instruction tant générale et spéciale que professionnelle, ainsi que la moralité et l'avenir des apprentis et jeunes ouvriers.

La deuxième catégorie comprend les industriels qui, *sans avoir créé d'institutions*, se sont fait remarquer par une sollicitude paternelle et attentive à l'égard des apprentis et jeunes ouvriers.

La troisième catégorie comprend les industriels et patrons chez lesquels le contrat d'apprentissage est exécuté loyalement et efficacement pour les jeunes apprentis et qui veillent avec sollicitude au bien-être de leurs jeunes ouvriers.

Enfin la quatrième catégorie comprend les personnes et associations étrangères à l'industrie qui, par dévouement, sont venues en aide aux industriels comme auxiliaires des œuvres entreprises en faveur des apprentis.

3ᵉ Série. — Contre-maîtres et contre-maîtresses qui font preuve à un haut degré d'intelligence et de dévouement envers les enfants qu'ils surveillent et auxquels ils sont chargés d'apprendre leur métier.

4ᵉ Série. — Apprentis et enfants employés dans les manufactures, savoir :

1° Apprentis qui se sont fait remarquer par leur capacité professionnelle et une bonne conduite constante ;

2° Anciens apprentis, devenus ouvriers, qui sont restés dans la maison où ils ont accompli leur apprentissage.

5ᵉ Série. — Comprenant des prix spéciaux décernés, savoir :

1° Par l'œuvre de l'assistance judiciaire ;
2° Par l'œuvre de la Société d'assistance paternelle ;
3° Par l'œuvre des institutrices de charité ;
4° Par le Comité des accidents de fabrique, pour l'invention de dispositions propres à prévenir les nombreux accidents qui se produisent dans les établissements industriels de toute nature.

Des prix sont encore décernés aux industriels qui, dans leurs ateliers, ont éloigné les causes d'accidents occasionnés par les transmissions de mouvement, etc.

Enfin, des récompenses sont données aux auteurs d'ouvrages d'éducation et d'enseignement primaire et professionnel, spécialement consacrés aux apprentis et enfants employés dans les manufactures.

J'appelle particulièrement votre attention, Messieurs, *sur les prix relatifs aux apprentis.* J'ai entendu les doléances de beaucoup de patrons qui se plaignent des difficultés qu'ils éprouvent à former de bons apprentis, par suite de l'inconstance de ceux-ci ou pour d'autres raisons.

Il en résulte que le patron éprouve un préjudice et que l'apprenti n'apprend son métier que très-imparfaitement, et ne fait pas un bon ouvrier : de là, perte pour tout le monde. C'est une question très-sérieuse pour l'avenir de l'industrie et qui a besoin d'être traitée avec développement. Nous y reviendrons. Je sais, Messieurs, que vous vous en êtes déjà préoccupés, que vous avez cherché des mesures ayant pour but de remédier au mal et que la Chambre syndicale a fait de louables tentatives. Je vous félicite bien sincèrement de vos efforts, et je serai heureux de vous venir en aide, en proposant, pour des récompenses, les jeunes apprentis méritants que vous voudrez bien me signaler.

Vous pourrez également vous adresser à M. de Planet, Ingénieur mécanicien, Membre de la Chambre de commerce, qui s'occupe avec un zèle digne d'éloges de cette intéressante question ; ainsi qu'à M. le Président et à MM. les Membres de la Commission de surveillance, dont le concours dévoué et éclairé est acquis à l'œuvre que nous poursuivons.

Les pièces à produire pour les candidats, sont : 1° Un certificat de bonnes vie et mœurs, émané de l'autorité administrative; 2° Une proposition exposant les mérites du candidat et le nombre d'années de service.

J'ajouterai, Messieurs, que si plusieurs d'entre vous, animés du désir de faire le bien, voulaient faire partie de la *Société de protection des apprentis*, je les y engagerais vivement et leur servirais volontiers d'intermédiaire (1). Ils

(1) Pour faire partie de la Société, adresser les demandes et propositions à M. J. Perin, Secrétaire, 44, rue de Rennes, à Paris. (Souscription perpétuelle avec le titre de Membre fondateur, 100 fr. — Ou bien cotisation annuelle avec le titre de Membre titulaire, 10 fr. Il suffit d'envoyer son adhésion ; les cotisations sont payées ultérieurement sur reçus du trésorier.)

n'auraient qu'à venir me trouver ou à m'écrire un mot. Les associés reçoivent un Bulletin qui les tient au courant des travaux utiles et si intéressants de la Société ; ils voient des exemples d'honorables industriels qui savent concilier leurs intérêts personnels avec une sollicitude éclairée en faveur des ouvriers, et cherchent à remplacer ainsi un antagonisme fâcheux et regrettable *qui est le mal*, par l'accord et l'harmonie *qui est le bien*. Qu'elle est douce, pour eux, la satisfaction d'avoir contribué activement au bien-être général !... Qu'elle est légitime et plus assurée la prospérité d'une maison pour laquelle chacun travaille consciencieusement avec courage et avec plaisir !...

J'arrive maintenant à l'**application de la loi.** Ainsi que je vous le disais, elle protége l'enfant d'une manière aussi complète que possible. Je vais résumer les principaux articles qui vous concernent, afin de les graver dans votre esprit.

L'article 1ᵉʳ rend la loi applicable dans tous les établissements industriels, **manufactures, fabriques, usines, mines, chantiers** *et* **ateliers.**

Les *articles* 2 *et* 3 fixent **l'âge d'admission** et la **durée du travail.** En principe, les enfants ne peuvent être employés par les patrons **avant l'âge de douze** ans révolus, et travailler plus de 12 heures par jour, divisées par des repos ; mais d'après la loi de 1851, qui n'est pas abrogée, les apprentis de 12 à 14 ans ne peuvent travailler que 10 heures. Ils sont protégés par la loi **jusqu'à l'âge de seize** ans. C'est la règle que vous devez suivre et elle n'est pas gênante.

Il y a bien quelques industries particulières qui sont exceptionnellement autorisées à employer les enfants à partir de 10 ans, avec une durée de travail de 6 heures par jour; mais ces industries sont différentes des vôtres (1) ou sont peu nombreuses à Toulouse.

D'après les *articles 4 et 5*, le **travail de nuit** (de 9 heures du soir à 5 heures du matin) est interdit aux enfants au-dessous de 16 ans; et dans les usines et manufactures, aux filles mineures de 16 à 21 ans (2).

Il est aussi formellement interdit d'employer *les enfants et les filles mineures les* **dimanches et jours fériés,** *même pour rangement de l'atelier.* C'est une disposition dont vous comprenez la sagesse. Elle a pour but, dit le Rapporteur de la loi, l'honorable M. Tallon, « elle a pour triple but : de favoriser le développement physique des enfants, de raviver en eux les affections de la famille, et de leur faciliter l'accomplissement des devoirs religieux. En protégeant les filles mineures jusqu'à vingt-un ans, le législateur a pris en considération leurs habitudes, leurs goûts et les sentiments de leur conscience. » Cette prescription légale ne peut pas nuire à l'industrie, car les nations les plus industrielles et les plus florissantes, les établissements les plus prospères l'observent avec fidélité. Il y a même de grands établissements à feu continu qui s'imposent des sacrifices pour s'y conformer, et les directeurs m'ont déclaré qu'ils y trouvent leur intérêt. Ils paient leurs ouvriers, non pas à la journée, mais au mois; et ils

(1) En voici la nomenclature : 1o Dévidage des cocons; 2o Filature de bourre de soie; 3o Filature de coton; 4o Filature de la laine; 5o Filature du lin; 6o Filature de la soie; 7o Impression à la main sur tissus; 8o Moulinage de la soie; 9o Papeterie; 10o Retordage du coton; 11o Tulles et dentelles (fabrication mécanique des); 12o Verrerie.

(2) Toutefois, en cas de chômage résultant d'une interruption accidentelle et de force majeure, l'interdiction ci-dessus pourra être temporairement levée et pour un délai déterminé par la Commission locale ou l'Inspecteur, sans que l'on puisse employer au travail de nuit des enfants âgés de moins de 12 ans. *Les industriels qui se trouvent dans ce cas doivent donc se pourvoir d'une autorisation.*

m'ont dit que ces ouvriers ont une meilleure conduite, sont plus stables, plus exacts, et produisent mieux et plus qu'avec un travail continuel, forcé et nécessairement irrégulier.

Cependant *l'article* 6 *fait* une exception conditionelle en faveur des usines à feu continu qui ne peuvent interrompre leur travail sans de trop grandes difficultés; mais nous n'avons pas à nous en occuper ici, d'une manière particulière.

Il en est de même de *l'article* 7 qui est relatif aux **travaux souterrains** et qui est complété par un règlement spécial ; mais peut-être la question intéresse-t-elle quelques entrepreneurs de maçonnerie et n'est-il pas inutile d'en dire deux mots seulement. Dans les travaux souterrains des mines, minières et carrières, les enfants de 12 à 16 ans ne peuvent travailler plus de 10 heures sur 24 heures, coupées par un repos d'une heure au moins ; et à partir du 1er janvier 1878, cette durée ne pourra être que de 8 heures. Les enfants ne peuvent être employés qu'à certains travaux bien déterminés par le règlement et n'excédant pas leurs forces.

Les filles et les femmes ne peuvent être admises dans les travaux souterrains.

Les *articles* 8 *et* 9 concernent **l'instruction primaire :** ils ont une importance majeure. Vous appréciez tous , Messieurs, les bienfaits d'une instruction suffisante, d'une éducation convenable ; vous savez qu'elle augmente toujours la valeur de l'homme. Vous êtes intéressés à avoir des ouvriers ayant plus d'instruction et de moralité, et l'industrie sera la première à bénéficier des heureux résultats qui seront obtenus par la loi.

D'un autre côté, si l'on veut que les hommes remplissent leurs devoirs, ne faut-il pas d'abord les mettre à même de les connaître et de les comprendre ? Ne faut-il pas éclairer leur intelligence et leur conscience ? Les statistiques judiciaires prouvent que l'ignorance est la cause la plus active de la démoralisation. Aussi, le besoin d'instruction se fait-il sentir partout et des mesures sont-elles prises pour lui donner satisfaction. Bientôt les jeunes soldats ne seront admis à contracter un engagement que s'ils savent lire et écrire ; et, d'après une Décision Ministérielle, les militaires sous les drapeaux ne pourront obtenir leur congé qu'après avoir appris les notions indispensables. Ne vaut-il pas mieux que nos jeunes ouvriers acquièrent ces connaissances dans leur jeunesse, en temps utile pour en profiter, que d'être contraints de les apprendre plus tard, quand l'esprit n'aura plus la souplesse des premières années, lorsque le temps aura pour eux une plus grande valeur, et quand ils auront souvent manqué l'occasion de s'en servir utilement ? L'application de la loi nouvelle fera donc, sous tous les rapports, un bien considérable.

Après ces considérations générales, je vais entrer dans les détails. — Aux termes des *articles 8 et 9*, les enfants de 10 à 12 ans sont obligés de suivre les classes d'une école pendant le temps libre du travail, *quel que soit d'ailleurs le degré de leur instruction ; et les enfants de 12 à 15 ans se divi-*sent en deux catégories, savoir :

1° *Ceux qui ont reçu l'instruction primaire élémentaire* et qui ont un certificat régulier qui le constate ; ce certificat doit être délivré par l'instituteur ou par l'inspecteur primaire et légalisé par le maire ; les enfants qui le possèdent peuvent travailler la journée entière, et sont dispensés d'aller à l'école ;

2° *Ceux qui sont illettrés ou qui ont une instruction insuffi-sante* et qui ne peuvent conséquemment avoir le certificat de capacité. *Ils sont tenus d'aller à l'école* et de prouver leur assiduité en classe à l'aide d'un *petit carnet* signé tous les samedis par l'instituteur et rapporté tous les lundis chez le patron.

La première question que l'on se pose, *c'est de savoir en quoi consiste l'instruction primaire élémentaire*. Les lois du 15 mars 1850 et du 10 avril 1867 en donnent la définition ; mais je dois dire, à l'avance, qu'il n'est pas possible d'exiger actuellement des jeunes ouvriers toutes les connaissances obligatoires indiquées et qui comprennent savoir :

1° L'instruction morale et religieuse (en général, quand les enfants entrent en apprentissage, ils ont reçu cette partie de l'instruction correspondant à leur âge) ; 2° la lecture ; 3° l'écriture ; 4° les éléments de la langue française ; 5° le calcul et le système légal des poids et mesures ; 6° les éléments de l'histoire et de la géographie de la France. (Je ne parle pas des matières facultatives.)

Bien qu'il soit désirable que les enfants possèdent ces quelques notions, je répète que, vu l'état général de l'instruction primaire, nous ne pouvons pas les exiger toutes, surtout au commencement. Nous nous bornons, au début et dans la pratique, à demander trois choses absolument indispensables, savoir : *la lecture, l'écriture* et *les quatre premières règles de l'arithmétique.*

Mais c'est là un *minimum* au-dessous duquel on ne peut pas descendre, et les enfants qui ne le possèdent pas *doivent suivre la classe pour l'acquérir.*

Comme vous le voyez, cet enseignement est très-restreint ; mais, donné par des instituteurs habiles et dévoués comme ceux que nous avons, qui savent profiter de toutes les occasions pour former le cœur de l'enfant, développer son intelligence et toutes ses facultés, lui faire connaître et aimer le devoir, lui montrer les avantages que procurent le travail et une bonne conduite, et les conséquences funestes de la paresse et du vice, cet enseignement, dis-je, peut encore être très-fécond et élever sensiblement le niveau intellectuel et moral de la génération ouvrière. Et puis la fréquentation de l'école habitue l'enfant à l'ordre, à la propreté, à l'exactitude, à la discipline; elle lui inculque des qualités très-utiles. Enfin les *premiers éléments de l'instruction* ne sont-ils pas, en quelques sorte, un outil précieux, un instrument indispensable, sans lequel il est impossible à un ouvrier de bien se perfectionner? Avec une instruction suffisante, s'il a du goût, l'amour de l'étude et du travail, au lieu de végéter dans la routine, il peut devenir un artiste, ou améliorer sa position. Combien d'ouvriers se sont trouvés arrêtés par l'absence de cet outil, par le défaut d'instruction première!... Combien de regrets stériles pour beaucoup d'entre eux!.,.

Cette partie de la loi a donc une grande importance; mais elle n'a pu encore recevoir ici qu'une application particelle et très-incomplète, parce que nous avons tenu d'abord à bien étudier la situation, à nous en rendre compte, de manière à trouver la meilleure solution pratique et à concilier, autant que possible, l'intérêt des patrons et celui des enfants. Nous avons constaté que ceux-ci laissent beaucoup à désirer sous le rapport de l'instruction et que la loi deviendra pour eux un véritable bienfait. Après une étude consciencieuse, nous avons proposé à l'administration la création de cours spéciaux dans la soirée, vers la fin de la journée, de manière à ne gêner le travail que le moins possible. Nous avons la confiance qu'ils ne tarderont pas à fonctionner (1). La proposition a été favorablement accueillie par les autorités compétentes dont le concours est nécessaire; elle va être soumise à l'administration municipale qui est aussi très-bien disposée; et M. le Préfet qui a bien voulu nous faire l'honneur de présider cette réunion (ce dont je lui suis profondément recon-

---

(1) Les cours commenceront immédiatement après les vacances de Pâques 1876.

naissant), nous donne un témoignage précieux du vif intérêt qu'il porte à l'industrie, à l'enfance ouvrière, à l'application de la loi protectrice qui nous occupe, et en particulier à une solution satisfaisante de la question des écoles. Les cours ne dureront que deux heures ; mais, comme ils seront spécialement destinés à nos jeunes apprentis et appropriés à leur besoins, ils donneront, je l'espère, d'excellents résultats, sans apporter nulle part de troubles ni d'entraves.

Quand il n'est pas possible de créer des cours spéciaux, comme cela se présente dans les campagnes, nous sommes obligé d'utiliser les écoles de jour qui existent ; c'est ce que nous aurions été contraint de faire ici, si l'on n'avait pu créer des classes particulières ; c'est moins commode, sous tous les rapports ; mais la loi doit recevoir son exécution.

L'application de la loi aura, pour l'avenir, un heureux *effet préventif*. Les parents, plus ou moins négligents, mais désireux de recevoir les petits salaires que gagnent leurs enfants, voyant que ceux-ci ne peuvent être admis dans les ateliers qu'après avoir reçu l'instruction nécessaire, les enverront à l'école dans leur jeune âge, au lieu de les laisser courir, vagabonder, ou perdre leur temps : ce sera un résultat doublement satisfaisant.

D'après *l'article 9*, les enfants illettrés *ne devraient travailler que six heures par jour, c'est-à-dire une demi-journée, et aller à l'école l'autre demi-journée* (c'est l'école au demi-temps). L'application rigoureuse de cet article pourrait occasionner actuellement quelque gêne dans l'industrie, et pour l'éviter, nous accordons, avec l'assentiment de M. le Ministre, l'autorisation de laisser *transitoirement les enfants âgés de plus de 12 ans* travailler la journée entière ; mais à la condition que les industriels apporteront *la plus entière bonne volonté* à faciliter aux enfants les moyens d'instruction. Cette autorisation n'a qu'un caractère purement transitoire (*la première année seulement*), et il importe d'en profiter pour faire acquérir aux enfants des ateliers l'instruction indispensable. J'aime donc à penser que nous n'aurons qu'à nous louer du concours dévoué de MM. les patrons et industriels, et je serais particulièrement reconnaissant à ceux d'entre eux *qui voudraient bien faire surveiller le départ des enfants et leur arrivée à l'école* qu'ils devront fréquenter. Ils pourraient encore faire un très-grand bien en s'intéressant aux progrès et à la conduite de l'enfant à l'école ; en regardant les notes obtenues, et en encourageant par de bonnes paroles, de petites récompenses, des livrets de caisse d'épargne, les enfants qui se seraient fait remarquer par leur sagesse et leur application. Ils donneraient à ces enfants un témoignage de sympathie qui produirait une impression salutaire. Ils auraient la satisfaction d'avoir fait le bien, et ce serait le plus honorable des mobiles et la plus douce de toutes les récompenses. Cependant les meilleurs sujets en seraient reconnaissants et s'attacheraient davantage à des patrons qui leur donneraient des preuves de sollicitude. Le bien appelle le bien. Le travail de l'atelier ne tarderait pas à s'améliorer en même temps que celui de l'école. Les efforts du patron et de l'instituteur feraient plus que s'ajouter, ils se décupleraient : isolés, ils pourraient être stériles ou moins profitables ; réunis, ils seraient puissants et efficaces, car l'union fait la force. D'un autre côté, la tâche des instituteurs est belle, mais elle est pénible, et il est bon de la leur faciliter.

Le devoir des patrons n'empêche pas, d'ailleurs, celui de la famille de subsister *dans toute son étendue et dans toute sa beauté*. Je dis dans toute sa beauté, car il ne peut guère y avoir de satisfaction plus noble et plus douce, pour un père et pour une mère, que de bien élever leurs enfants. Beaucoup de familles ouvrières remplissent consciencieusement ce devoir et le poussent même jusqu'à sa dernière limite : pour celles-là la loi serait inutile, *du moins à ce point de vue spécial.* Malheureusement il y en a d'autres qui n'ont de la famille que le nom et qui ne le possèdent même pas toujours. Elles ignorent ou méprisent leurs devoirs et les douces jouissances qu'ils procurent. Quoi qu'il en soit, j'ai parfois entendu des patrons, ne connaissant pas la loi, manifester leur surprise du devoir que je venais les prier de remplir, et qui, d'après eux, devait incomber uniquement aux parents. Je vais répondre quelques mots à cette objection et *je ferai simplement appel à votre bon sens.* — La loi, vous le savez, n'est pas faite seulement pour Toulouse ni pour les corporations du bâtiment, mais pour la France entière et pour toutes les industries. Je parlerai donc en général. Eh bien ! n'existe-t-il pas des familles très-malheureuses, quoique à des degrés divers, et dont la misère matérielle est la conséquence de la misère morale ? Il faudrait d'abord refaire leur éducation et il est trop tard. Peut-on leur demander ce qu'elles n'ont pas, ce qu'elles ne peuvent pas donner ? Privées d'instruction et d'éducation, elles n'en sentent même pas le besoin pour leurs enfants, et sont, parfois, sur ce point, d'une indifférence révoltante. — N'y a-t-il pas des parents imprévoyants, indignes, dont les exemples sont les plus funestes pour leurs enfants ? *Où sont leurs garanties ?...* Le recours que la société pourrait avoir contre de telles familles serait-il vraiment efficace pour le bien de l'enfant ? Ne peut-on pas dire, d'ailleurs, que si elles sont réduites à cette extrémité, c'est en grande partie parce que, dans leur jeunesse, les *parents ont été abandonnés sans soins ni culture ?* Si l'éducation ne fait pas tout, elle fait beaucoup : ne doit-on pas craindre qu'en agissant de même vis-à-vis de la génération actuelle, elle suive naturellement les mêmes habitudes de dé-

3

sordre, d'inconduite, compagnes inséparables de la misère sous toutes ses formes, et qu'elle se pervertisse encore davantage pour son malheur et aux dépens de la société?

Sans parler de certaines situations équivoques, difficiles, dans lesquelles des intérêts opposés, des passions inavouables, des conflits journaliers, font sacrifier l'éducation de l'enfant, que dire de ces autres situations délicates, pénibles et variées à l'infini, dans lesquelles se trouvent des orphelins, de pauvres veuves et des malades, qui sont dignes de compassion et qui ne peuvent pas toujours remplir leurs devoirs? La coërcition n'ajouterait-elle pas inutilement à des angoisses ? Et puis, si dans les classes plus aisées, les parents éprouvent parfois des difficultés sérieuses pour bien élever leurs enfants, ces difficultés ne sont-elles pas plus grandes encore pour des parents privés de ressources, ayant moins d'aptitude et de capacité, absorbés par les soucis impérieux de la vie matérielle, éloignés bien souvent de leurs demeures, et ne pouvant que difficilement exercer sur leurs enfants une surveillance convenable ? Je n'exagère rien et je ne puis tout dire...... Il y aurait des détails trop navrants. Je m'en tiens, d'ailleurs, à ce seul côté de la question, et je ne parle pas *des abus de toutes sortes dont les enfants peuvent être victimes* de la part de divers patrons, contre-maîtres et ouvriers, ou par suite de travaux insalubres, dangereux, excessifs pour leurs forces et nuisibles à leur développement, etc., etc. Or, ce sont là aussi des réalités.

N'est-il pas étonnant que, dans ces conditions multiples, l'éducation de l'enfant ouvrier laisse parfois tant à désirer ? Est-ce un motif pour ne pas s'en occuper, et suffit-il de constater le mal sans y porter remède ?

La société ne l'a pas pensé. Elle a compris qu'elle avait un devoir à remplir envers ces pauvres enfants, en remplaçant, en complétant, ou en aidant l'action de la famille, lorsque celle-ci a été impuissante ou insuffisante, et en imposant un devoir social aux patrons. Ne pouvant agir utilement sur la famille seule, on a dû recourir à un autre moyen. Mais quel procédé devait-on employer ?... Permettez-moi, Messieurs, une simple comparaison : Quand vous voulez bâtir un édifice, que faites-vous ? Ne cherchez-vous pas d'abord le terrain solide, et votre premier soin n'est-il pas d'asseoir de bonnes fondations? — Eh bien! pour reconstituer cette partie de l'édifice social qui nous occupe, la loi suit l'enfant à l'atelier, et rencontre là heureusement des hommes, des industriels, des patrons, qui lui offrent précisément cet appui solide, indispensable. Là, les garanties ne sont pas illusoires, la responsabilité est sérieuse. Les industriels et patrons sont, en général, des hommes d'intelligence, de cœur, d'initiative, et ce n'est pas en vain que l'on fait appel à leur raison et à leur bonne volonté. Il suffit de leur procurer l'occasion de se manifester. *Fidèles à leur mission,* ce sont des *Autorités sociales,* c'est-à-dire, d'après les termes d'un éminent économiste, ce sont des hommes qui, *par la salutaire influence du travail, pratiquent le mieux la vertu.* Ils possèdent la science la plus utile, celle qui maintient l'union parmi les hommes ; ils exercent l'autorité légitime qui se fonde sur le respect et l'affection. Beaucoup ont devancé la loi, l'ont appliquée longtemps avant sa promulgation et fait plus qu'elle ne demande ; ils l'ont appelée de leurs vœux ; ils ont ouvert la voie... Honneur à ces pionniers de de la civilisation !... Ils se considèrent comme de véritables patrons, c'est-à-dire comme les protecteurs de ces pauvres enfants qui leur sont confiés. Ils les surveillent avec sollicitude, comme ils voudraient qu'on surveillât leurs propres enfants ; ils éloignent d'eux les mauvais exemples, les contacts pernicieux d'ouvriers sans moralité ; ils ne souffrent pas les railleries déplacées, les insinuations vicieuses, les excitations malsaines, les paroles inconvenantes et encore moins les actions répréhensibles. Ils ont soin de placer les enfants à côté d'hommes de confiance dont l'influence ne peut être que salutaire. Ils ne tiennent pas ce raisonnement égoïste et contraire à la loi, que le patron prend l'enfant uniquement pour le faire travailler. Le développement de cette idée m'entraînerait trop loin. Qu'il me suffise de dire que le travail, qui est non-seulement une chose nécessaire, mais qui honore et qui moralise, est autorisé pour l'enfant, mais à des conditions également nécessaires et d'ailleurs faciles à remplir.

Ces conditions atteignent même les parents coupables qui auraient abusé de l'enfant et négligé de lui donner les soins suffisants jusqu'à l'âge de douze ans. En effet, si à cet âge l'enfant ne peut être admis, faute d'instruction, à travailler la journée entière, la famille se trouve privée du salaire anquel elle tient beaucoup et punie de sa négligence.

Dans ce cas, la loi est un auxiliaire puissant pour le patron qui comprend l'intérêt véritable de l'enfant et de la société, mais qui souvent n'aurait pas osé résister aux sollicitations des parents, refuser l'enfant trop jeune ou exiger la fréquentation de l'école. A l'avenir, il pourra se retrancher derrière l'obligation qui lui est imposée et profiter de l'occasion pour donner d'excellents conseils. La famille se trouve ainsi atteinte d'une manière indirecte et efficace, et sans toucher à sa constitution. La loi s'arrête au seuil du foyer domestique où elle ne pénètre pas.

En résumé, la loi a fait à Messieurs les industriels, l'honneur de les appeler à une grande œuvre de moralisation et de progrès, vraiment digne d'hommes dévoués et éclairés.

Je m'arrête à ces considérations sur cette question intéressante et inépuisable, et je passe à un autre sujet.

Les articles 10 *et* 11 concernent les **formalités** matérielles de la loi, formalités qui ont aussi leur importance, car elles constituent des pièces justificatives indispensables. Ainsi **la loi doit être affichée dans l'atelier.** Cette disposition se justifie facilement. Il est évident que, pour appliquer la loi, il faut d'abord la connaitre ; et, si elle est placée sous les yeux de tous, elle rappelle à chacun son devoir.

Ensuite, les enfants et les filles mineures doivent avoir des **livrets d'identité** faisant connaître exactement leurs noms, prénoms, la date et le lieu de leur naissance, leur domicile, etc.... C'est encore une chose absolument nécessaire, en même temps qu'un élément d'ordre et de discipline.

Enfin, les industriels doivent avoir un **registre spécial** pour l'inscription de tous les enfants qu'ils occupent; les *garçons* doivent y être inscrits jusqu'à l'âge de *seize ans*, et les *filles mineures* jusqu'à *vingt-un ans*. Ce registre est utile pour faciliter le contrôle et assurer l'exécution de de la loi.

L'article 12 laisse à des règlements d'administration publique le soin de déterminer les différents genres de **travaux présentant des causes de danger ou excédant leurs forces,** qui sont interdits aux enfants. Nous en reparlerons.

L'article 13 règle ou interdit l'emploi des enfants dans les **établissements dangereux ou insalubres.** Nous n'avons pas besoin d'en faire ici la longue énumération. Nous donnerons, suivant les circonstances, les instructions nécessaires aux intéressés ; mais ils doivent eux-mêmes prendre connaissance de la loi et des règlements qu'ils doivent afficher et qu'ils sont tenus d'appliquer.

D'après l'article 14, les ateliers doivent être tenus dans un état constant de **propreté** et être convenablement ventilés. Ils doivent présenter toutes les conditions de **sécurité** et de **salubrité** nécessaires à la santé des enfants.

Dans les usines à moteur mécanique, les roues, courroies, engrenages, etc., *doivent être séparés* **des ouvriers,** *de telle sorte que l'approche n'en soit possible que pour les besoins du service.*

Les puits, trappes et ouvertures de descente doivent être clôturés.

Ces sages dispositions n'ont pas besoin de commentaires. Elles appellent toute la sollicitude de ceux qu'elles concernent, non-seulement dans l'intérêt des enfants et des ouvriers, mais encore dans celui des patrons, dont la responsabilité peut être engagée, même sans l'intervention de la loi nouvelle. D'ailleurs, indépendamment de la responsabilité, n'y a-t-il pas toujours, pour tout homme consciencieux, une peine très-vive d'avoir, par négligence ou par défaut de précautions, occasionné des accidents ou des blessures à des ouvriers ?

Le nombre des victimes ou des invalides de l'industrie est plus grand qu'on ne le pense. Depuis mon arrivée ici j'en ai déjà vu plusieurs, et dernièrement encore je lisais dans le *Journal de Toulouse* la nouvelle suivante :

« Un horrible accident a eu lieu lundi, 10 janvier 1876,
» à R., commune d'A..., aux fours à chaux de M. T.
» Un charpentier, le sieur Louis Roumegoux, a été entraîné
» par sa blouse dans un engrenage ; au bout de quelques
» instants, il n'était plus qu'un cadavre affreusement
» mutilé. M. le docteur Caussé, appelé auprès de la vic-

» time, n'a pu que constater la mort....., — Roumegoux
» était âgé de 28 ans et laisse une veuve et un enfant. »

Cet exemple tout récent et plusieurs autres de fraîche date que je pourrais vous citer, prouvent bien que les prescriptions légales ont une grande utilité, surtout lorsqu'on emploie des enfants pour lesquels le danger est d'autant plus à craindre qu'ils sont naturellement légers, étourdis. Ce sont des défauts inhérents à leur âge et dont l'industriel doit tenir compte.

J'ajouterai que *quand un accident survient, le devoir de l'industriel est d'avertir l'inspecteur.*

A ce sujet, indépendamment des prescriptions réglementaires, je vous donnerai le conseil d'exiger que les ouvriers qui sont occupés autour des machines dangereuses, n'aient jamais de vêtements flottants, mais des habillements ajustés. La blouse doit être remplacée par la veste. Les tabliers de femme doivent être courts et avoir des angles arrondis ; ils ne doivent être fixés qu'avec des cordons peu solides, pour qu'ils puissent, en cas d'accident, casser facilement et ne pas entraîner le corps de l'ouvrière (1).

C'est ici le cas de vous parler du **Règlement d'administration publique du 13 mai 1875** et dont quelques articles peuvent vous être particulièrement applicables. Les voici :

Art. 1ᵉʳ. Il est interdit d'employer les enfants au-dessous de 16 ans au graissage, au nettoyage, à la visite ou à la réparation des machines ou mécanismes en marche.

Il est interdit de les employer aux mêmes opérations lorsque, les mécanismes étant arrêtés, les transmissions marchent encore, à moins que le débrayage ou le volant n'aient été préalablement calés.

____

(1) Le Bulletin de la Société de protection des apprentis renferme souvent d'eycellentes indications pour éviter les accidents.

Art. 2. Il est interdit d'employer des enfants au-dessous de 16 ans dans les ateliers qui mettent en jeu des machines, dont les parties dangereuses et pièces saillantes mobiles ne sont point couvertes de couvre-engrenages ou de garde-mains, ou autres organes protecteurs.

Art. 3. Les enfants de 10 à 12 ans, exceptionnellement autorisés à participer aux travaux de certaines industries, *ne pourront être employés ni à porter, ni à traîner des fardeaux.*

Les enfants, depuis l'âge de 12 ans jusqu'à celui de 14 ans révolus, ne pourront être chargés sur la tête ou sur le dos, **au-delà du poids de 10 kilogr.** Depuis l'âge de 14 ans jusqu'à celui de 16 ans révolus, ils ne pourront, dans les mêmes conditions, recevoir **une charge supérieure à 15 kilog.**

Il est interdit *de faire traîner* aux enfants de 12 à 16 ans des charges exigeant des efforts supérieurs à ceux qui correspondent aux poids indiqués au paragraphe précédent.

Cet article est très important, **surtout pour les chantiers de construction,** dans lesquels on a l'habitude de faire porter aux enfants des charges deux ou trois fois plus fortes que celles qui sont autorisées ; il y a aussi certains ateliers de serrurerie où l'on envoie les enfants chercher de trop lourdes barres de fer (1). Cette disposition a pour but de prévenir de nombreux abus très-nuisibles au développement physique de l'enfant. M. le docteur *Noguès*, Membre de la Commission de surveillance du travail des Enfants et Médecin en chef de l'Hôtel-Dieu, pourra vous confirmer la sagesse du Règlement (2).

Art. 4. Il est interdit d'employer des enfants au-dessous de 16 ans à faire tourner des appareils en sautillant sur une pédale ; il est également ment interdit de les employer à faire tourner des roues horizontales.

Art. 5. Les enfants au-dessous de 16 ans ne pourront être employés à tourner des roues verticales ou utilisés comme pro-

____

(1) Il vaudrait mieux ne pas envoyer les enfants faire de courses ; car, pendant ce temps, ils n'apprennent pas leur état et, en raison de leur âge et de leur légèreté, ils sont exposés à des dangers de toutes sortes.

(2) Voir à la Note placée à la page 38.

ducteurs de force motrice, que pendant une demi-journée de travail divisée par un repos.

. *Art. 6.* Dans les usines ou ateliers employant des scies circulaires ou des scies à ruban, les enfants au-dessous de 16 ans ne pourront être employés à pousser la matière à scier contre la scie.

. *Art. 7.* Les enfants au-dessous de 16 ans ne pourront être employés au travail des cisailles et autres lames tranchantes mécaniques.

L'article 15 de la loi appelle aussi votre sérieuse attention, surtout dans les *ateliers mixtes* où travaillent des ouvriers et enfants des deux sexes : il oblige les patrons à veiller au maintien des **bonnes mœurs** et à la décence publique dans leurs ateliers.

. Les *articles 16 à 24* ne vous concernent pas ; ils sont relatifs aux Inspecteurs, aux Commissions locales et à la Commission supérieure.

MM. les Membres de la Commission de Toulouse apporteront certainement à l'accomplissement de leur mission le zèle le plus éclairé. Vous les connaissez, vous les aimez et vous les respectez ; leur action sera donc aussi bienfaisante que leur influence est légitime. Ils pourront visiter vos ateliers, s'assurer que la loi est bien observée ; leurs bons conseils, leurs encouragements ne vous feront pas défaut. Ils ont bien voulu nous faire l'honneur d'assister à la réunion. Mais l'honorable M. Fourcade, Président de la Commission, est retenu dans sa chambre par une indisposition : c'est un motif qui me fait regretter doublement son absence.

Les *articles 25 à 29* établissent les **pénalités** qui servent de sanction à la loi. Elles sont graves puisqu'elles rendent passibles de la police correctionnelle; mais je me dispense de les énumérer, car je suis convaincu que le bon vouloir de MM. les Patrons et Industriels les rendra complétement inutiles. Vous pourrez d'ailleurs les voir dans la loi (1). Au lieu d'une mission très-pénible à remplir, quand il faut relever des contraventions, nous n'aurons, je l'espère, que le rôle agréable de vous adresser des félicitations justement méritées.

Telles sont, Messieurs, les principales dispositions légales

(1) Art. 25. Les manufacturiers directeurs ou gérants d'établissements industriels et les patrons qui auront contrevenu aux dispositions de la présente loi et des règlements d'administration publique relatifs à son exécution, seront poursuivis devant le Tribunal correctionnel et punis d'une amende de seize à cinquante francs· — L'amende sera appliquée autant de fois qu'il y a eu de personnes employées dans les conditions contraires à la loi, sans que le chiffre total puisse excéder cinq cents francs.

· Toutefois la peine ne sera pas applicable si les manufacturiers, directeurs ou gérants d'établissements industriels et patrons établissent que l'infraction de la loi a été le résultat d'une erreur provenant de la production d'actes de naissance, livrets ou certificats contenant de fausses indications ou délivrés pour une autre personne.

Les dispositions des articles 12 et 13 de la loi du 22 juin 1854, sur les livrets d'ouvriers, seront, dans ce cas, applicables *aux auteurs des falsifications (emprisonnement de trois mois à cinq ans)*.

Les chefs d'industrie sont civilement responsables des condamnations prononcées contre leurs directeurs ou gérants.

Art. 26. S'il y a récidive, les manufacturiers, directeurs ou gérants d'établissements industriels et les patrons seront condamnés à une amende de cinquante à deux cents francs. La totalité des amendes réunies ne pourra toutefois excéder mille francs.

Art. 27. L'affichage du jugement pourra, suivant les circonstances et en cas de récidive seulement, être ordonné par le Tribunal de police correctionnelle. — Le Tribunal pourra également ordonner, dans le même cas, l'insertion de la sentence, aux frais du contrevenant, dans un ou plusieurs journaux du département.

Art. 28. Seront punis d'une amende de seize à cent francs, les propriétaires d'établissements industriels et les patrons qui auront mis obstacle à l'accomplissement des devoirs d'un inspecteur, des membres des Commissions, ou des médecins, ingénieurs et experts délégués pour une visite ou une constatation.

Art. 29. L'article 463 du Code pénal, est applicable aux condamnations prononcées en vertu de la présente loi.

Le montant des amendes résultant de ces condamnations *sera versé au fonds de subvention affecté à l'enseignement primaire, dans le budget de l'instruction publique.*

et réglementaires qui peuvent vous concerner. Il serait inutile et trop long de développer les autres. La loi est exécutoire depuis 8 mois; des instructions ont été insérées dans le Recueil des actes administratifs et reproduites par les journaux; nous avons déjà visité un certain nombre d'établissements qui ont commencé à se mettre en règle; tous devront également régulariser leur situation. **Nous allons résumer les premières formalités très-simples à remplir.**

1° Faire **afficher**, dans vos ateliers la loi et les règlements qui vous concernent;

2° Faire donner des **livrets** aux enfants que vous occupez;

3° Tenir au courant le **registre spécial** d'inscription de ces enfants;

4° Enfin justifier de **l'instruction** des enfants comme il sera dit ci-après.

Les affiches, livrets et registres se trouvent chez M. Douladoure, imprimeur, 39, rue Saint-Rome. Les livrets doivent être ensuite remplis à la mairie et conservés par les patrons; ces derniers y inscrivent la date de l'entrée de l'enfant, puis la date de la sortie lorsqu'il y a lieu.

Pour faire remplir les livrets, il faut remettre au bureau de la mairie les nom, prénoms, date et lieu de naissance de chaque enfant, avec les noms des père et mère, pour que que l'on puisse trouver ou faire venir les extraits de naissance qui sont, d'ailleurs, délivrés gratuitement.

Tout cela est très-facile et ne demande qu'un léger travail qui, une fois terminé, ne se renouvellera pas. Nous vous accordons pour vous mettre en règle ou achever la régularisation, un délai largement suffisant, *jusqu'à la fin de février*; mais nous vous engageons à commencer sans retard. Nous devons ajouter que si, pour certains cas exceptionnels, ce délai était insuffisant, vous pourriez demander une prolongation. Enfin il importe de remarquer que le délai accordé ne s'applique qu'aux enfants actuellement admis. **A l'avenir, les enfants nouveaux ne pourront être reçus qu'avec leurs pièces en règle ;** quand ils changeront d'ateliers, ils devront réclamer leurs livrets à l'ancien patron pour le présenter à celui chez lequel ils entreront. Il importe que ce dernier tienne la main à l'exécution de cette formalité ; car il est légalement responsable.

Dès que les cours spéciaux seront ouverts (1), nous vous prierons d'y envoyer les enfants ignorants ou dont l'instruction serait incomplète. Les enfants assez instruits seront dispensés de suivre la classe, *mais ils devront être pourvus de certificats de capacité délivrés par les instituteurs et légalisés ;* ils iront donc chercher ce certificat et le remettront au patron. *Les autres devront aller à l'école et le prouver à l'aide d'une feuille ou d'un carnet de présence signé tous les samedis par l'instituteur* et rapporté tous les lundis chez le patron qui le garde pendant la semaine, pour le montrer, au besoin, aux Membres de la Commission ou à l'Inspecteur. *En l'absence du patron, les pièces justificatives doivent pouvoir être présentées au service de l'inspection par le contre-maître ou toute autre personne de confiance.*

Vous pourrez, Messieurs, nous rendre la tâche facile. De notre côté, nous nous efforcerons de concilier vos intérêts avec la loi ; nous serons toujours disposé à recevoir vos observations *avec la plus grande bienveillance* ; mais cependant nous avons un devoir à remplir, et nous le remplirons avec fermeté.

Du reste, indépendamment de toutes les raisons que nous

(1) Immédiatement après les vacances de Pâques 1876.

avons eu l'honneur de vous développer, il y a encore un
motif d'équité à faire appliquer la loi d'une manière uni-
forme. La loi, en effet, impose des devoirs; elle peut être
parfois un peu gênante, surtout dans le commencement (il
faut bien semer pour récolter ensuite). Or s'il n'y avait que
les industriels et patrons dévoués qui s'y conformassent, ils
seraient dans une situation inférieure à celle de leurs con-
currents moins scrupuleux ou plus négligents ; en outre,
certains enfants, ceux qui précisément ont le plus besoin
de soins et de surveillance, quitteraient les bons patrons
pour aller chez ceux qui n'observeraient pas la loi. Les conséquences en seraient déplorables. Il importe donc que le
service d'inspection, s'il est plein de bonté et de complai-
sance, montre également une fermeté inébranlable et une
persévérance énergique, qu'il contraigne, au besoin, ceux
qui feraient preuve d'hostilité ou de négligence coupable.
Mais, je le répète, j'aime à croire que ces cas ne se présen-
teront pas.

L'intérêt personnel, bien entendu, est ici d'accord avec
l'intérêt général. Unissons donc nos efforts, et nous aurons
la satisfaction d'avoir rempli un devoir social et fait une
œuvre vraiment utile. Avec votre concours dévoué, l'application de la loi *(qui est d'ailleurs obligatoire)* sera bien
plus féconde en heureux résultats.

Maintenant, Messieurs, *indépendamment de l'exécution
de la loi nouvelle*, vous verrez si, dans vos Corporations, il
ne vous convient pas de compléter les résultats, en vous
occupant plus spécialement des apprentis. Parmi les intérêts
communs que vous avez à traiter, il n'y en a guère de plus
sérieux que celui de l'apprentissage qui est l'avenir de
l'industrie; il ne peut guère y avoir de désaccord sur une
question aussi évidente ; l'union est donc possible autant

qu'elle paraît désirable. Déjà à Toulouse, de sérieux efforts ont été tentés. Le contrat d'apprentissage doit être conforme à la loi de 1851 et mis en harmonie avec la loi nouvelle, prévenir les difficultés regrettables qui se produisent trop souvent, tenir un compte équitable des intérêts du patron et de l'enfant, et être exécuté loyalement, de manière à former de jeunes ouvriers ayant une bonne conduite et connaissant parfaitement leur métier. Or, cela dépend beaucoup de vous. Il suffirait de bien vous entendre. Pourquoi ne nommeriez-vous pas dans vos Corporations un Comité de patronage d'apprentis? Vous avez aussi un Conseil de Prud'hommes qui ne demande pas mieux que de concilier tous vos intérêts de la manière la plus favorable et qui sera heureux de vous aider de ses lumières et de son expérience.

Enfin, Messieurs, il y aurait peut-être lieu de s'occuper du perfectionnement de l'art, par l'organisation de cours spéciaux ou professionnels appropriés à chaque métier. — Développer, dans la jeunesse ouvrière, l'amour de l'étude et du travail, l'habituer à mener les deux choses de front, empêcher qu'elle n'oublie le peu qu'elle a pu apprendre, lui enseigner les éléments de calcul et de comptabilité qui peuvent lui être utiles ;... donner à l'apprenti des notions exactes et aussi précises que possible sur la nature, les qualités, la résistance des matériaux qu'il met en œuvre, sur les divers systèmes de travail et de fabrication, sur l'installation des engins de construction et les précautions à prendre pour éviter les accidents ;... lui montrer et lui faire copier les modèles, les bons types de construction, en lui expliquant les formes, dimensions et assemblages les plus convenables pour les différents genres de travaux de sa partie (charpente, serrurerie, menuiserie, maçonnerie, etc.), c'est, je crois, l'intéresser vivement, lui faire faire avec plaisir et intelligence le travail qu'il fait ordinairement par routine ; c'est susciter des artistes, augmenter le nombre des bons ouvriers, améliorer leur situation matérielle et morale, leur procurer des satisfactions qu'ils ignorent, empêcher bien des fautes... Je sais d'ailleurs, par une longue expérience, combien ces connaissances font défaut et seraient utiles à beaucoup d'ouvriers.

L'Ecole des beaux-arts de Toulouse répond en grande partie à ce besoin; elle fait un bien considérable. Je vous engage à y envoyer vos meilleurs apprentis. Comme préparation et en attendant leur admission (car beaucoup sont inscrits à l'avance, à cause du manque de places), vous pourrez les envoyer aux *cours spéciaux qui doivent être organisés dans les écoles primaires.* Vous pouvez aussi les envoyer le dimanche dans des réunions honnêtes, par exemple, dans les Patronnages où ils trouvent des jeux innocents pour se récréer, des bibliothèques pour s'instruire, et où on les initie souvent à l'épargne qui contribue toujours au bien-être, et qui conduit ordinairement à l'aisance et même à la fortune. Aussi, ces Institutions bienfaisantes sont-elles l'objet de récompenses et d'encouragements de la part de la Société de protection des apprentis.

N'est-il pas préférable que nos jeunes gens emploient d'une manière utile leur temps de liberté, qu'à ne rien faire, à courir des dangers ou à se pervertir ? En général, ils feront le bien ou ils feront le mal, suivant les occasions. Donnons-leur la facilité et les moyens de faire le bien, de contracter de bonnes habitudes, de s'améliorer par l'instruction ; faisons-en des hommes honorables et de bons citoyens, et nous remplacerons une perte inévitable par un bénéfice assuré et précieux pour la société.

En résumé, MM. les patrons et industriels peuvent beaucoup pour l'avenir de la génération ouvrière, en se conformant non-seulement à la lettre, *mais encore à l'esprit de la loi.* Du reste, quand on veut faire le bien, le champ est illimité... Si l'on rencontre parfois des difficultés, on n'a que plus de mérite à les surmonter ; on est soutenu par sa conscience et encouragé par la sympathie des hommes de cœur.

Je termine, Messieurs, en vous remerciant de l'attention bienveillante avec laquelle vous m'avez écouté, en exprimant la confiance que vous remplirez avec empressement le devoir social que la loi vous impose, et que ce ne sera pas en vain que j'aurai fait appel à votre raison, à votre dévouement et à votre patriotisme.

La parole a ensuite été donnée à M. GOUDARD, Président de la Chambre syndicale, qui s'est exprimé en ces termes :

MONSIEUR LE PRÉFET,

Les membres de la Chambre syndicale des entrepreneurs de bâtiments, ainsi que les membres des Corporations non adhérents, ont l'honneur de vous remercier par mon organe, d'avoir bien voulu présider cette séance où M. Delaissement, Inspecteur divisionnaire du travail des enfants dans l'industrie, a traité de l'application de la loi nouvelle et de la situation des apprentis dans les diverses Corporations du bâtiment. Nous remercions aussi M. Delaissement de tous ses soins et de toutes ses peines, ainsi que toutes les notabilités administratives, scientifiques, commerciales et industrielles qui vous entourent et qui vous prêtent dans cette réunion solennelle le concours moral et intellectuel qui les distingue particulièrement dans notre Cité.

Nous espérons aussi, M. le Préfet, qu'avec votre appui et celui de M. Delaissement et le concours des honorables Membres de la Commission, nous espérons, dis-je, vous aider dans les limites de nos facultés à mettre et à faire mettre en pratique, cette loi nouvelle qui, bien comprise et appliquée, doit aider puissamment à développer les facultés physiques, morales et intellectuelles des nouvelles générations.

Une ère nouvelle de moralisation par le travail, paraît être comprise par toutes les classes de la société ; presque toutes cherchent à secouer cette torpeur qui paralyse l'intelligence. L'ignorance commence à être détestée, car tout le monde aujourd'hui cherche à connaître ses droits et ses devoirs. C'est à vous, Messieurs, qui cultivez avec fruit la science et qui en savourez les bienfaits, qu'incombe l'honneur de nous guider et de nous conduire dans la nouvelle voie qui a pour principe le développement des facultés humaines et pour base l'instruction; car instruire, c'est régénérer, *dans toute l'acception du mot.* Oui! l'instruction doit ennoblir l'homme par le travail, véritable dignité qui l'élève par son propre mérite et le récompense largement par la satisfaction la plus douce, la plus pure, celle que lui procure l'idée bien définie du devoir accompli.

Les législateurs, les économistes, les philosophes, malgré leurs louables efforts pour moraliser et améliorer les masses, n'arriveraient que très-difficilement à leur but, sans le concours de tous les hommes de bonne volonté appartenant à tous les degrés de l'échelle sociale.

Les industriels du bâtiment réunis en société, peuvent rendre aux Tribunaux des services sérieux par le perfectionnement qu'ils apportent aux séries des prix établies par eux, d'après les rapports raisonnés des valeurs de main-d'œuvre et matières premières. Ils commencent à voir la place qu'ils devraient occuper dans l'organisme social. Ils espèrent que l'autorité, éclairée sur leurs aptitudes, se fera un devoir de nommer, dans le sein des Corporations, des experts spéciaux ayant les connaissances théoriques et pratiques des métiers, afin de régler promptement et avec économie les différends qui surgissent entre les propriétaires et les entrepreneurs; car cette manière d'appliquer la loi ne pourra que produire des résultats avantageux pour tous les intéressés.

La Chambre syndicale, Monsieur le Préfet, s'est occupée sérieusement du travail des apprentis; veuillez nous prêter quelques instants votre attention; je vais vous donner une analyse succincte du travail qu'elle a envoyé à une partie de ses Membres.

« Monsieur, nous faisons appel à vos principes de justice
« et d'intérêt raisonné. Au nom de la solidarité qui nous
« unit comme Corporation, veuillez vous joindre à nous,
« afin d'arrêter les abus qui se sont introduits dans l'acte
« de confiance d'apprentissage, abus préjudiciable aux in-
« térêts privés comme aux intérêts généraux.

« En effet, il existe depuis trop longtemps déjà un relâ-
« chement sur la parole d'honneur du plus grand nombre
« des pères de famille, relâchement qui produit les plus
« funestes effets, en corrompant l'apprenti par l'exemple
« de la mauvaise foi de ses parents qui violent, en sa pré-
« sence, l'engagement d'honneur qu'ils avaient contracté
« pour lui. Il importe d'arrêter ce mal et d'y porter re-
« mède; car, sans cela, la décadence de nos états est cer-
« taine. Nous disons que si les bons ouvriers deviennent
« rares, c'est parce que très-peu d'appentis finissent l'enga-
« gement qu'ils ont contracté.

« Mais, direz-vous, qui nous garantira de la déloyauté
« du plus grand nombre, puisque les trois quarts n'ont
« qu'une responsabilité morale? A cela nous répondons :
« notre solidarité! A notre avis, l'engagement solidaire est
« même supérieur à l'engagement garanti par la loi; car
« là où il n'y a rien, la loi est impuissante; tandis que
« nous pouvons sans bruit, par notre seule volonté, forcer
« les contractants à remplir leur engagement. Et que faut-
« il pour cela? Un simple registre pour y signer les
« adhésions, registre qui sera permanent au local de la
« Chambre, et un brevet d'apprentissage imprimé et uni-
« forme pour tous les adhérents. Avec ce moyen simple,
« nous rendrons aux Corporations de grands services et à
« l'Etat une source abondante de production. »

Comme vous venez de l'entendre, Messieurs, nous
avons cherché à coordonner, à harmoniser les idées et les
meilleurs moyens qui nous ont paru les plus propres et les
plus applicables à notre projet, tout en sauvegardant les
intérêts du patron, comme ceux de l'apprenti; car ce
contrat purement moral doit puissamment contribuer à
modifier l'égoïsme de certains patrons et exciter les apprentis
à faire leur devoir.

En effet, Messieurs, quel est le but que nous cherchons
à atteindre, en prenant cette initiative de moralisation par
le travail? C'est de faire de bons apprentis, d'excellents
ouvriers, et comme complément des conséquences de cette
grande valeur productive, d'utiles citoyens, pour relever
notre pays de son affaissement momentané.

Travaillons tous ensemble (comme nous l'avons dit plus
haut), dans la limite de nos forces physiques et intellectuelles, à perfectionner la grande machine industrielle de
notre chère Patrie. Groupons-nous autour de la loi; car

elle est la sauvegarde de tous, et c'est en la respectant que l'homme d'honneur grandit dans l'estime publique.

Nous vous réitérons, Monsieur le Préfet (en terminant), les remerciements respectueux de tout l'auditoire.

M. LE PRÉFET a terminé la séance par l'allocution suivante :

MESSIEURS,

Vous venez d'entendre un éloquent commentaire de la loi du 19 mai 1874, par le fonctionnaire si distingué qui est appelé à l'appliquer dans ce département, et aussi de chaleureuses paroles de sympathie, prononcées au nom de la Chambre syndicale des entrepreneurs de bâtiments.

Je remercie M. l'Inspecteur divisionnaire et M. le Président de la Chambre syndicale de ce qu'ils viennent de nous apprendre, et je suis heureux que ces bonnes choses aient été dites au milieu d'une assemblée aussi nombreuse de patrons.

La loi nouvelle qui vient de vous être expliquée est aussi importante dans son objet que délicate dans son application ; car si son but est la protection de la jeunesse des deux sexes, employée dans l'industrie, elle ne peut l'atteindre sans gêner certaines habitudes prises, sans modifier sur quelques points les conditions économiques de la production. Sous ce double rapport, elle mérite toute votre attention. Vous l'accueillerez, j'en ai la confiance, avec la bonne volonté que l'on trouve toujours parmi les patrons de Toulouse, quand il s'agit d'idées généreuses ou de mesures moralisatrices.

Vous aiderez l'Administration pour lui permettre de tirer de la loi nouvelle tout le fruit qu'elle peut produire, dans l'intérêt de ces jeunes générations qui ont un si grand besoin de protection, dans les conditions où elles se trouvent la plupart du temps. Leur assurer l'instruction et le temps de repos nécessaire, préserver leur moralité, c'est là un but digne de vos encouragements, de vos efforts, et, s'il le faut, de vos sacrifices.

Vous aurez devant vos yeux, pour diriger cette action salutaire, un fonctionnaire dont les mérites me sont connus; son expérience, son esprit conciliant, ses principes solides ont appelé sur lui l'attention du Gouvernement qui, en le plaçant à la tète du service de la Haute-Garonne, a étendu sa mission à six autres départements.

Vous pouvez compter aussi sur le zèle de la Commission qui m'entoure et qui est composée de ces hommes d'élite, véritables représentants de l'industrie et du travail, puisqu'ils se sont élevés à la haute situation qu'ils occupent par l'intelligence, le labeur et l'économie.

L'Administration tiendra à honneur, de son côté, à donner son concours à l'application de la loi; et pour moi, Messieurs, j'aime à vous exprimer que j'aurai à cœur de me tenir au courant des travaux de la Commission, que je serai heureux de répondre à ses appels et de témoigner ainsi de mes sympathies personnelles, comme de celles du Gouvernement, pour tout ce qui tend à améliorer la situation morale et matérielle des classes ouvrières.

NOTE DE M. LE DOCTEUR NOGUÈS

Membre de la Commission de surveillance du Travail des Enfants, et Médecin
en Chef de l'Hôtel-Dieu de Toulouse

SUR LES FARDEAUX TROP LOURDS PORTÉS PAR LES ENFANTS

L'article 3 du règlement du 13 mai 1875, sur le travail
des enfants, est ainsi conçu :

« Les enfants de dix à douze ans, exceptionnellement
» autorisés à participer aux travaux de certaines industries,
» ne pourront être employés ni à porter ni à traîner des
» fardeaux.

» Les enfants depuis l'âge de *douze ans,* jusqu'à *celui de*
» *quatorze ans* révolus, ne pourront être chargés sur la tête
» ou sur le dos au-delà du poids de 10 *kilogrammes.* Les
» enfants depuis l'âge de *quatorze ans* jusqu'à celui de
» *seize ans révolus,* ne pourront, dans les mêmes condi-
» tions, recevoir une charge supérieure à 15 *kilogrammes.*

» Il est interdit de faire traîner aux enfants de *douze à*
» *seize ans* des charges exigeant des efforts supérieurs à
» ceux qui correspondent aux poids indiqués au paragraphe
» précédent. »

Cet article doit être signalé à l'attention de tous les chefs
d'ateliers et de chantiers. Je ne doute point qu'ils ne s'em-

pressent de s'y conformer, dès qu'ils en auront saisi toute l'importance.

En faisant cette loi, le législateur a prouvé qu'il avait une connaissance approfondie du développement physique de l'homme. Il a voulu que le travail auquel nous sommes tous assujettis, loin d'entraver la nature dans son œuvre d'évolution normale, contribuât, au contraire, à l'harmoniser et à la compléter.

La physiologie apprend que la croissance du jeune homme commence à la naissance et finit à la fin de l'adolescence, c'est-à-dire de 21 à 25 ans; qu'elle se fait d'une manière particulière, à différentes époques de cette période de la vie humaine. C'est ainsi que depuis l'âge de 8 ans jusqu'à celui de 14, l'enfant se développe en hauteur presque aux dépens des membres inférieurs. Les os de ces membres, celui de la cuisse principalement, subissent un développement rapide. Le corps du fémur se courbe, s'allonge en même temps qu'il prend de la consistance.

Si donc, pendant ce laps de temps, on charge la tête ou les épaules de l'enfant d'un poids qui dépasse la résistance physique du squelette, et la puissance des agents du mouvement (muscles), il arrivera nécessairement que les os des membres inférieurs, celui de la cuisse surtout, se courberont outre mesure, éprouveront un obstacle à leur allongement régulier, et rendront ainsi les membres inférieurs et la taille du jeune enfant plus ou moins difforme.

A partir de l'âge de 14 ans jusqu'à celui de 18, la croissance du jeune homme s'effectue aux dépens de la colonne vertébrale. Cette tige osseuse, alternativement courbée, relie admirablement entre elles toutes les parties du squelette, elle devient le centre de tous les mouvements qui se passent en elles.

Or, si la tête ou les épaules du jeune homme sont surchargées, les disques intervertébraux perdent leur élasticité, le tissu des vertèbres se tasse; à partir de ce moment, le développement régulier de la tige osseuse devient impossible, la disproportion entre les courbures de la colonne vertébrale s'établit, et le jeune homme devient ainsi difforme et rabougri.

Mais la déviation que subit, dans ce cas, la colonne vertébrale, ne détermine pas seulement la déformation de quelque portion du squelette, elle porte encore la perturbation dans les fonctions d'assimilation. Les organes splanchniques, qui remplissent les fonctions les plus importantes, ne pouvant point se développer régulièrement dans leurs cavités respectives, la nutrition reste défectueuse, et des maladies graves se manifestent consécutivement.

Ces conséquences sont plus ou moins graves suivant les circonstances, mais elles sont toujours déplorables et il importe que le règlement soit sérieusement exécuté.

J'ajouterai qu'il vaut mieux que l'enfant fasse un parcours plus long avec une charge modérée que de faire un trajet moindre avec un fardeau exagéré.

Dans ce dernier cas, le travail entrave toujours le développement de l'enfant; tandis que dans le cas contraire, si la fatigue semble plus grande, *en apparence*, elle n'est pas aussi nuisible *en réalité;* elle peut même devenir un exercice gymnastique très-favorable.